Wa

Wali Wmff ar Lan y Môr

MAIR WYNN HUGHES

Darluniau gan Elwyn Ioan

Gwasg Gomer
1993

Argraffiad cyntaf- Mai 1993

ISBN 0 86383 992 4

Dymuna'r cyhoeddwyr gydnabod cymorth Adrannau'r Cyngor Llyfrau Cymraeg.

Argraffwyd gan
J. D. Lewis a'i Feibion Cyf., Gwasg Gomer, Llandysul, Dyfed

Roedd Aled yn wên o glust i glust. Roedd ei fam newydd ddweud y bydden nhw'n mynd am ddiwrnod cyfan i lan y môr trannoeth.

'Hwrê!' meddai Aled gan fynd ar ras allan i'r ardd. 'Mi ga i ymdrochi a chwarae criced ar y tywod . . . a bwyta hufen iâ . . . a reidio mul hefyd. Hwrê!'

Powliodd traed tros ei ben ar y lawnt, a gorweddodd ar ei gefn wedyn a gwenu'n braf ar yr awyr las uwchben. Roedd o wrth ei fodd.

Roedd rhywun arall wrth ei fodd hefyd. Wali Wmff! Roedd o wedi dianc o Ysgol yr Ysbrydion unwaith eto ac wedi dod i chwarae triciau ar Aled. Ond, wrth gwrs, doedd Aled ddim yn gwybod ei fod wedi cyrraedd.

'He! He!' meddai Wali Wmff o'i guddfan ym mrigau'r goeden afalau. 'Dyna hwyl fydd diwrnod cyfan ar lan y môr. Mi gai i chwarae triciau ar Aled . . . a Mr a Mrs Jones . . . ac ar yr holl bobl fydd ar lan y môr. Mi ga i *hwyl*!'

Aeth Aled i'w wely'n gynnar y noson honno er mwyn iddo gael codi'n fore trannoeth. Roedd o wedi estyn ei siwt nofio a thywel yn barod, ac wedi eu rhoi yn bentwr taclus gyda'i jins a'i grys chwys ar y gadair wrth y ffenest. Roedd o wedi benthyca arian o'i gadw-mi-gei hefyd rhag ofn na fyddai ganddo ddigon i brynu hufen iâ a thalu am reidio mul ar lan y môr.Aeth i'w wely i gysgu a breuddwydio am dywod melyn a môr glas a haul crasboeth.

'He! He!' meddai llais bach o dop y wardrob. 'Mae Aled yn cysgu'n sownd.'

Llithrodd WHW-WSH! at y gadair a oedd wrth y ffenest. WHIII-III! Taflodd y dillad blith draphlith i'r llawr. WHII-II! Gafaelodd yn y siwt nofio a'r tywel a'u cludo i grogi'n llipa ar sil y ffenest agored. Yna llithrodd yn ddistaw ddistaw bach o dan y dillad a gorwedd yn sypyn oeraidd wrth gefn Aled.

'Brrr!' meddai Aled yn gysglyd. Roedd o yng nghanol breuddwyd am nofio a thasgu yn y môr. 'Ew! Mae dŵr y môr yn oer.'

'He! He!' meddai Wali Wmff.

Cododd awel fach y tu allan. Chwythodd yn gryfach ac yn gryfach. Yn fuan chwythodd y siwt nofio a'r tywel oddi ar sil y ffenest. Chwythwyd nhw'n syth at frigau'r goeden afalau. Yno'r oedden nhw'n crogi'n braf ar ben y goeden.

Cysgodd Aled tan y bore. Yn fuan daeth ei fam yno i'w ddeffro. Edrychodd ar y pentwr jins a'r crys chwys yn gorwedd blith draphlith ar y llawr, ac edrychodd yn syn ar y siwt nofio a'r tywel yn crogi'n llipa ar ben y goeden afalau.

'Aled!' dwrdiodd yn gas. 'Sut y buost ti mor flêr hefo dy ddillad? Edrych, maen nhw rywsut rywsut ar y llawr ac yn rincyls i gyd. A beth am dy siwt nofio a'r tywel yn crogi ar ben y goeden afalau? Rhag dy gywilydd di'n chwarae gêm mor wirion hefo nhw.'

'Ond . . .' meddai Aled yn ddryslyd. 'Ond ar y gadair oedden nhw, Mam. Wir yr!'

'Wir yr, wir!' meddai ei fam yn ddrwg ei thymer. 'Rhaid iti fod yn fwy gofalus o dy ddillad. Maen nhw'n costio arian. Lot fawr o arian hefyd.'

'He! He!' meddai Wali Wmff yn ddistaw ddistaw bach.

Roedd o'n eistedd ar dop y wardrob erbyn hyn, ac yn mwynhau gweld Aled yn cael y drefn.

'Gwisga dy ddillad ar unwaith,' meddai Mrs Jones. 'A dos i'r ardd i nôl dy siwt nofio a'r tywel y funud 'ma. Ar ben coeden, wir! Beth nesa, ys gwn i?'

Trodd i fynd i lawr y grisiau. Y funud honno gwibiodd Wali Wmff WHW-WSH! heibio iddi ac i lawr am y gegin.

8

'Diar annwyl,' meddai Mrs Jones yn ffrwcslyd. 'Ydyn ni am gael storm? Mae 'na andros o wynt yn dod trwy'r ffenest. Brysia i nôl y pethau o'r goeden, Aled, neu mi fyddan nhw wedi diflannu am y pentref.'

'Ond . . .' meddai Aled gan sbecian allan a heb deimlo dim awel.

Aeth Mrs Jones am y gegin.

'Mae Aled yn flêr ofnadwy hefo'i ddillad,' grwgnachodd wrth ei gŵr gan ddechrau paratoi picnic i ginio. 'Estyn y paced ham a'r caws o'r oergell, Elis,' meddai, 'a gollwng Fflwffen allan neu mi fydd yn swnian am damaid.'

Aeth Mr Jones i agor y drws.

'Tyrd, Fflwffen,' meddai'n awdurdodol.

'Miaw!' meddai Fflwffen gan wybod yn iawn fod yna ham a chaws yn yr oergell.

9

'Tyrd! Pws! Pws!' galwodd Mr Jones yn fwy awdurdodol fyth.

'He! He!' meddai Wali Wmff. 'Dydi Fflwffen ddim am fynd allan. Rhaid imi ei pherswadio.'

WHW-WSH! Gwibiodd fel mellten at Fflwffen a'i glymu ei hun yn grafat oeraidd am ei gwddw.

'Miaaaa- aaawww!' llefodd Fflwffen gan ddechrau teimlo'n annifyr ofnadwy.

'Allan â thi,' meddai Mr Jones gan blygu i afael yn ei sgrepan.

Yr eiliad honno fe lapiodd Wali Wmff ei hun yn oer oer am drwyn Fflwffen.

'Miaaawww!' llefodd Fflwffen eto.

O! Roedd yna rywbeth oer rhyfedd am ei gwddw . . . ac am ei thrwyn hefyd. Ysgydwodd Fflwffen ei phen a rhwbiodd yn wyllt â'i phawen. Rhwbiodd ei gwddw a rhwbiodd ei thrwyn, ond roedd y rhywbeth oer yn gludio gludio'n sownd.

'Miaaa-aaww!' meddai Fflwffen yn dorcalonnus a neidio'n syth i freichiau Mr Jones.

'Oww!' meddai Mr Jones a syrthio'n chwap ar y llawr.

'He! He!' meddai Wali Wmff. 'Dyna hwyl.'

'Wel wir, Elis,' meddai Mrs Jones yn flin. 'Wnawn ni byth gyrraedd glan y môr a chditha'n mynnu chwarae hefo'r gath.'

'Ond . . .' meddai Mr Jones yn ddryslyd. 'Ond . . .'

Roedd o'n methu â deall pam roedd Fflwffen wedi neidio i'w freichiau, na pham roedd hi'n gafael mor sownd gyda'i hewinedd chwaith ac yn ymwthio'i phen o'r golwg o dan ei gesail.

Gwibiodd Wali Wmff allan trwy'r drws agored a gwnaeth gylchau WHIII-III! o gwmpas y goeden afalau.

Roedd Aled wedi nôl y siwt nofio a'r tywel ac yn cerdded yn ôl am y tŷ. Safodd yn stond. Oedd o wedi clywed WHII-III! rhyfedd rywle o gwmpas y goeden afalau? Suddodd ei galon. Doedd Wali Wmff erioed wedi dod yn ôl? Doedd o erioed wedi cyrraedd a hwythau'n mynd am dro i lan y môr?

'Wali Wmff!' gwaeddodd. 'Rydw i'n gwybod dy fod ti yna.'

Ond ni ddaeth ateb . . . na dim symudiad chwaith. Roedd Wali Wmff yn stelcian yn ddistaw ar frigyn y goeden afalau. Doedd o ddim eisio i Aled wybod ei fod yno. Ddim nes iddyn nhw gyrraedd glan y môr. Ac wedyn am hwyl!

'Dychmygu wnes i,' meddai Aled yn falch. 'Mi ga i fwynhau'r diwrnod ar lan y môr wedi'r cyfan.'

Yn fuan wedi cael brecwast, roedd Mr a Mrs Jones ac Aled yn eistedd yn y car ac yn barod i gychwyn. Roedd basged bicnic wrth ochr Aled ar y sedd ôl, a bat criced a dillad nofio hefyd. Ac roedd cadeiriau cynfas yn y bŵt a

12

dillad glaw yn bentwr taclus arnynt. Jest rhag ofn i'r tywydd droi'n wlyb.

Ac yng nghanol y dillad glaw roedd rhywun yn gorffwys yn guddiedig braf. Pwy? Wel Wali Wmff, wrth gwrs!

2

Roedd Aled wrth ei fodd pan gyrhaeddon nhw lan y môr.

'Hwrê!' gwaeddodd gan ymaflyd yn ei dywel a'i siwt nofio a neidio allan o'r car.

'Aros, Aled,' rhybuddiodd ei fam.

Roedd ei rieni wedi ei siarsio fod yn rhaid iddo fihafio ei hun, a pheidio â diflannu heb i neb wybod ble'r oedd o a pethau felly.

'Nid lle i chwarae gêmau gwirion ydi glan y môr,' rhybuddiodd Mr Jones. 'Rhaid gofalu peidio â nofio'n rhy bell o'r lan, na chrwydro i rywle rywle heb inni wybod ble'r wyt ti.'

Doedd dim ots gan Aled am y siarsio. Roedd o ar dân eisio tynnu ei drainers a'i jins a gwisgo ei siwt nofio, *a'i daflu ei hun i'r môr!* Mi fyddai'r dŵr yn oer braf ar ei groen chwyslyd, ac mi gâi gêm ardderchog wrth sboncio tros y tonnau wrth iddyn nhw ddymchwel tua'r lan.

Wrth gwrs, roedd o'n medru nofio hefyd. Ac roedd o am roi sialens i'w dad i weld pwy fuasai'n nofio orau.

'Gafael yn y dillad glaw 'ma, Aled, tra bydda i'n tynnu'r cadeiriau o'r bŵt,' meddai Mr Jones.

Ufuddhaodd Aled. Gafaelodd yn y dillad glaw a'u gwasgu'n dynn yn ei freichiau.

'Brysiwch, Dad,' meddai gan sboncio o un droed i'r llall a gobeithio y câi redeg ar y traeth yn syth bin wedyn.

Roedd Wali Wmff yn pendwmpian yng nghanol y dillad glaw. Doedd o ddim wedi teimlo'r car yn arafu, nac wedi clywed caead y bŵt yn cael ei agor. Yn sydyn roedd o mewn lle tywyll tywyll, ac roedd rhywbeth yn gwasgu'n dynn amdano.

'Phyyff! Yyyy! Phyfff!' meddai Wali Wmff wedi deffro'n sydyn.

Dechreuodd gicio a strancio.

'Yyyy?' meddai Aled yn ddryslyd.

Roedd y dillad yn fyw yn ei freichiau. Roedden nhw'n gwingo a symud a sboncio, ac roedd yna sŵn od ofnadwy yn dod o'u canol.

'Phyyff! Yyyy! Phyfff!'

'Paid â chwarae'n wirion, Aled,' meddai Mr Jones heb droi ei ben. Roedd o'n brysur yn codi'r cadeiriau i'r llawr.

'Ond . . .' meddai Aled gan dynhau ei freichiau am y dillad. 'Ond . . .'

Yn sydyn ffrwydrodd rhywbeth o ganol y dillad. Rhywbeth gwyn fel hances boced, gyda dau sbotyn bach yn llygaid duon iddo.

'Wali Wmff!' meddai Aled yn syn.

'Be? Pwy?' meddai Mr Jones.

'Ymmm! Wal . . . Neb,' meddai Aled wedi sylweddoli'n sydyn na fedrai ddweud wrth ei dad am Wali Wmff.

Doedd yna neb ond y fo yn ei weld, yn nac oedd?

WHW-WSH! Gwibiodd Wali Wmff heibio i drwyn Aled a rhoi pinsiad reit dda iddo wrth fynd heibio.

'OWW!' gwaeddodd Aled gan rwbio'i drwyn. 'Aros imi dy ddal di'r gwalch.'

'Dal pwy, Aled?' holodd Mrs Jones yn ddryslyd.

'Wali Wm . . . Y gwynt 'na,' meddai Aled.

Roedd o'n siŵr fod ei drwyn yn troi'n goch goch . . . neu efallai'n biws wedi'r fath binsiad.

'Twt lol,' meddai Mrs Jones yn flin. 'Diwrnod i'w fwynhau ar lan y môr ydi hwn, nid diwrnod i chwarae jôcs.'

'He! He!' meddai Wali Wmff gan wibio WHW-WSH! heibio i'r car.

'Ac mi gymera i fy sgarff o'r boced flaen hefyd,' meddai Mrs Jones. 'Mae hi'n codi'n wynt ofnadwy.'

17

Sgyrnygodd Aled ei ddannedd. Daria'r Wali Wmff 'na wedi dod hefo nhw i lan y môr. Mi fyddai'n chwarae triciau arnyn nhw trwy'r dydd rŵan.

'Bihafia dy hun, y gwalch,' meddai. 'Neu . . . neu . . . mi ddalia i di a . . . a . . .'

Doedd o ddim yn gwybod yn iawn.

'He! He! Fedri di ddim fy nal i,' galwodd Wali Wmff.

Ac i ffwrdd â fo am y traeth.

'O diar,' meddai Aled.

Beth petasai Wali Wmff yn chwarae triciau ar y bobl a oedd yn torheulo ar y traeth? Efallai y byddai'n pinsio bodiau'u traed ac yn gweiddi HE! HE! yn eu clustiau nhw. Rargol! Efallai y byddai plismyn yn cynghori pawb i fynd yn ôl adref, neu i guddio yn eu ceir nes y byddai'r ysbryd wedi'i ddal. Ac arno fo, Aled, y byddai'r bai. Y fo agorodd y bocs hwnnw yn y sièd erstalwm, a rhyddhau Wali Wmff. O diar! O diar!

Rhedodd Aled am y traeth. Roedd llond y lle o bobl. Rhai yn torheulo a rhai yn eistedd, rhai yn bwyta brechdanau a rhai yn nofio, rhai yn chwarae pêl a rhai yn cysgu'n sownd. Ond doedd yna ddim golwg o Wali Wmff.

'Ble'r wyt ti?' galwodd Aled. 'Dangos dy hun ar unwaith.'

Ond ni ddaeth ateb. Roedd y tonnau'n suo a lleisiau'n chwerthin, roedd cri'r gwylanod uwchben a chloch y

gwerthwr hufen iâ yn canu yn y pellter. Ond doedd yna ddim ateb gan Wali Wmff.

'Paid â gweiddi'n wirion, Aled,' meddai ei fam. Eisteddodd yn gyffyrddus ar ei chadair gynfas a rhoes ei sbectol haul ar flaen ei thrwyn. 'Rydw i am dorheulo ychydig bach, Elis,' meddai.

Eisteddodd Mr Jones yn ei gadair yntau.

'Paid â chrwydro ymhell, Aled,' gorchmynnodd.

Roedd Aled wedi diflasu'n lân. Sut oedd modd iddo fwynhau diwrnod ar lan y môr ac yntau'n *gwybod* bod Wali Wmff yno'n rhywle ac yn barod i chwarae triciau? Roedd yn rhaid iddo ei ddal. Ond sut?

3

Eisteddodd Aled ar y tywod a phwyso'i benelin ar ei ben-
glin. Dechreuodd feddwl a meddwl. Sut oedd o am ddal
Wali Wmff?

Efallai y medrai sboncio'n sydyn arno fo a'i wasgu'n dynn
rhag iddo ddianc? Neu ei ddal hefo bwced blastig? Efallai y
medrai sleifio'n ddistaw y tu ôl iddo a rhoi'r bwced
'Chwap!' drosto i'w garcharu? Ysgydwodd Aled ei ben yn
ddiflas. Sut y medrai ddal Wali Wmff ac yntau ddim yn
gwybod ble'r oedd o?

Dylyfodd ei ên yn gysglyd. O diar! Roedd hi'n boeth
yno'n eistedd ar y tywod. Penderfynodd gael seibiant bach
cyn dyfeisio ffordd o ddal Wali Wmff.

Caeodd ei lygaid. Yn fuan, roedd o'n cysgu'n sownd.

'He! He!' meddai llais wrth ei glust. 'Aled yn cysgu, aie!
Rŵan am hwyl.'

Dechreuodd gasglu'r tywod yn bentwr o gwmpas Aled.
Casglodd a chasglodd nes roedd y tywod yn cyrraedd at ei
benliniau . . . yn cyrraedd at ei ganol . . . yn cyrraedd at ei
geseiliau . . . ac i fyny at ei ysgwyddau hefyd. Casglodd nes
roedd y tywod yn fynydd mawr o gwmpas Aled. Yn fuan
doedd yna ddim ond ei ben i'w weld fel pêl gron ar y
mynydd tywod.

'He! He!' meddai Wali Wmff.

Roedd Mr a Mrs Jones yn ymlacio'n braf yn eu cadeiriau cynfas. Roedden nhw'n mwynhau'r haul ar eu wynebau a suo'r tonnau yn eu clustiau. Agorodd Mrs Jones ei llygaid yn sydyn.

'Ble mae Aled?' holodd.

Neidiodd Mr Jones ar ei draed. Edrychodd i'r chwith ac i'r dde. Edrychodd i lawr at y dŵr ac i fyny at y gwerthwr hufen iâ.

Gwelodd fynydd o dywod fel castell ar y traeth, a phêl gron yn lwmpyn crwn arno. Ond ni welodd olwg o Aled.

'Dydi o ddim yma, Gwen,' meddai.

Fe ddychrynodd Mrs Jones yn ofnadwy.

'Beth?' meddai gan neidio ar ei thraed. 'A ninnau wedi *dweud* wrtho am beidio crwydro ymhell . . . na mynd allan i'r dŵr dwfn chwaith.'

Edrychodd hithau i'r chwith a'r dde. Edrychodd i lawr at y dŵr ac i fyny at y gwerthwr hufen iâ. Gwelodd y mynydd tywod fel castell ar y traeth a'r bêl gron yn lwmpyn crwn arno. Ond ni welodd olwg o Aled.

'Dos i sefyll wrth ochr y bêl 'na ar ben y mynydd tywod, Elis,' meddai. 'Efallai y gweli Aled o fan'no.'

'He! He!' meddai Wali Wmff. 'Dyma hwyl!'

Brysiodd Mr Jones at y mynydd tywod. Roedd o yn mynd i ddringo arno pan ataliodd ei hun yn sydyn. Dyna bêl od oedd ar y mynydd tywod. Pêl a *gwallt* yn tyfu arni! Plygodd Mr Jones i weld yn well. Pen rhywun oedd ar y mynydd tywod. *Pen Aled!*

'Aled!' bloeddiodd Mr Jones mewn tymer ddrwg ofnadwy. 'Beth ydi lol fel hyn? Rhag cywilydd iti yn dy guddio dy hun yn y tywod, a ninnau'n chwilio amdanat ti?'

'Yyy?' meddai Aled yn gysglyd.

Agorodd ei lygaid a cheisiodd godi. Ond roedd rhywbeth yn pwyso ar ei draed a'i goesau, ac yn carcharu ei freichiau a'i ysgwyddau'n dynn dynn. Edrychodd Aled i lawr arno'i hun, ond ni welai ddim ond mynydd tywod.

'Be . . .?' holodd yn ddryslyd.

'Be, wir,' meddai Mrs Jones yn flin. 'Os na fedri di chwarae ar lan y môr fel pawb arall, waeth inni fynd adre ddim. Tyrd oddi yna ar unwaith.'

Ac aeth yn ôl i'w chadair mewn tymer ddrwg.

'Rwyt ti'n edrych yn rhyfedd yn y mynydd tywod,'

meddai Wali Wmff gan ei lapio ei hun yn grafat oeraidd am gorun Aled.

Ymladdodd Aled ei ffordd allan o'r tywod a cheisiodd chwipio ei ddwylo i fyny at ei ben er mwyn dal Wali Wmff. Ond roedd o'n rhy hwyr. Roedd Wali Wmff wedi gwibio WHII-III! i lawr am y dŵr gan chwerthin He! He! dros bob man.

'Diar annwyl', meddai Mrs Jones. 'Mae'r gwylanod 'ma'n gwneud sŵn rhyfedd. Sŵn tebyg i chwerthin, mi gymra i fy llw.'

'Dychmygu wnes ti, Gwen,' meddai Mr Jones yn gyffyrddus.

Roedd o wedi penderfynu cael tro bach hamddenol ar lan y dŵr rhag ofn i Aled fynd i drybini eto.

Roedd Wali Wmff yn dawnsio'n braf ar y tonnau. SPLASH! Fe'i taflodd Aled ei hun amdano a'i ddwylo ar led i'w ddal.

'ALED!' gwaeddodd Mr Jones. 'Nid dwylo ar led fel'na sydd eisio i nofio.'

'Nid nofio . . . ond trio dal Wal . . .' dechreuodd Aled egluro.

Ond fe gaeodd ei geg yn chwap. Doedd neb ond y fo'n gwybod am Wali Wmff, yn nac oedd? Ac roedd yn *rhaid* iddo ei ddal.

4

Roedd Aled wedi meddwl am gynllun da. Roedd o am ddal Wali Wmff yn y fasged bicnic. Roedd yna botel lemonêd yn y fasged, ac roedd o am yfed y lemonêd bron i gyd . . . ac wedyn am ddal Wali Wmff yn y botel a chau'r top yn dynn dynn arno.

'Ga i yfed y lemonêd, Mam?' gofynnodd. 'Rydw i eisio diod yn ofnadwy.'

'Cei,' meddai ei fam. 'Ond tyrd â'r botel yn ôl i'r fasged wedyn. Dydyn ni ddim eisio llanast ar y traeth.'

'O'r gorau,' meddai Aled.

Aeth linc-di-lonc ar hyd y tywod gan yfed y lemonêd. Sut oedd o am berswadio Wali Wmff i fynd i mewn i'r botel, tybed?

'Ew! Mae hwn yn lemonêd neis, Wali Wmff,' meddai. 'Mi adawa i fymryn yng ngwaelod y botel er mwyn iti gael diod.'

WHW-WSH! Disgynnodd sgwaryn bach gwyn ar ei ysgwydd. Erbyn hyn roedd Wali Wmff eisio diod hefyd.

Gwenodd Aled wrtho'i hun. Yfodd y lemonêd yn araf araf a gwneud sŵn 'blas neis' hefo'i wefusau.

'Brysia,' meddai Wali Wmff gan edrych ar y botel.

Yfodd Aled yn araf araf gan edrych ar Wali Wmff trwy gil ei lygad.

'Brysia,' meddai Wali Wmff eto wrth weld Aled yn mwynhau cymaint ar y lemonêd, ac yntau'n cael dim llymaid ei hun.

Gwenodd Aled fwyfwy. Roedd o'n siŵr ei fod o am ddal Wali Wmff, ac y câi fwynhau'r gweddill o'r diwrnod ar lan y môr. Fe fyddai Wali Wmff yn garcharor diogel yn y botel.

O'r diwedd, doedd yna ond mymryn bach o lemonêd ar ôl.

'Mi gei di'r gweddill,' meddai Aled.

Daliodd y botel yn gegagored o flaen Wali Wmff.

WHW-WSH! Llithrodd Wali Wmff ar wib i mewn iddi a dechrau llowcian y lemonêd yn awchus.

'WEDI DY DDAL DI!' gwaeddodd Aled gan daro'r cap arni a'i droi yn ddiogel i'r pen.

'Y sebon meddal iti! Y llipryn penbwl! Gollwng fi'n rhydd ar unwaith!' bloeddiodd Wali Wmff.

Ond roedd y cap yn ddiogel ar y botel, a doedd waeth iddo heb â gweiddi.

Aeth Aled yn ôl at ei rieni. Rhoddodd y botel yn y fasged bicnic a chaeodd gaead y fasged yn ofalus heb gymryd sylw o'r llais bach a oedd yn dweud y drefn ac yn gaddo'n ofnadwy ynddi.

'Mi a' i i nôl hufen iâ rŵan,' meddai'n fodlon. 'Un pinc a gwyn hefo darn o siocled ynddo.'

Brysiodd i fyny'r traeth.

'Beth am i ninnau gael diod, Gwen?' holodd Mr Jones.

Agorodd gaead y fasged.

'Diar!' meddai gan edrych yn syn ar y rhywbeth gwyn oedd yn sboncio a dawnsio'n wyllt yn y botel lemonêd. 'Estyn fy sbectol i, Gwen.'

Rhoes hi ar ei drwyn a llygadu cynnwys y botel. Beth oedd y rhywbeth gwyn oedd yn sboncio a neidio y tu mewn iddi, tybed? A rywsut, roedd o bron yn siŵr ei fod o'n clywed llais bach yn rhywle hefyd.

Ysgydwodd y botel er mwyn gweld yn well.

'Oww! Aaa! Owww!' gwaeddodd rhywun.

'Bobl bach!' meddai Mr Jones gan droi at ei wraig. 'Mae rhywbeth rhyfedd yn y botel 'ma, Gwen. Rhywbeth sy'n sboncio a neidio ac yn siarad hefyd.'

Ond roedd Mrs Jones wedi estyn llyfr ac wedi dechrau darllen.

'Agor hi 'ta,' meddai heb gymryd fawr o sylw.

Trodd Mr Jones y cap. Trodd a throdd nes ei agor.

WHW-WSH! Rhuthrodd rhywbeth oer oer heibio i'w wyneb gan ddwrdio'n ofnadwy, ac anelu i fyny'r traeth.

'Bobl bach!' meddai Mr Jones yn syn. 'Gwynt . . . a hwnnw'n siarad.'

'Twt lol,' meddai Mrs Jones. 'Paid â siarad nonsens, Elis.'

Rhuthrodd Wali Wmff i fyny'r traeth. Roedd Aled yn sefyll wrth y fen ac yn prynu hufen iâ mawr mawr. Un pinc a gwyn hefo darn o siocled ar ei ben.

'Diolch,' meddai.

Trodd ac edrych yn awchus ar yr hufen iâ. Roedd am fwynhau ei lyfu'n araf bach, a theimlo oerni'r iâ ar ei dafod. Ac fe fyddai'r siocled yn felys neis hefyd.

'Ymmm!' meddai Aled yn braf.

Penderfynodd lyfu ychydig ar yr hufen iâ pinc i ddechrau. Estynnodd ei dafod allan yn barod.

WHW-WSH! Rhuthrodd gwynt sydyn amdano. WHW-WSH! Cipiwyd yr hufen iâ o'i law, a'r funud nesaf roedd o'n cael ei gludo i fyny fyny i'r awyr ymhell o afael Aled.

'HEI!' galwodd Aled yn wyllt.

Trodd y bobl ar y traeth yn syn wrth glywed Aled

yn galw mor uchel. Trodd Mr a Mrs Jones hefyd.

'Mae rhywun yn trio herwgipio Aled,' meddai Mrs Jones yn gyffrous 'Brysia, Elis.'

Rhedodd y ddau nerth eu traed.

'TYRD Â FO'N ÔL AR UNWAITH, Y GWALCH!' bloeddiodd Aled wedi gwylltio'n ofnadwy.

Dechreuodd ddawnsio . . . a gweiddi . . . a chwifio'i ddyrnau'n wyllt.

Cyrhaeddodd Mr a Mrs Jones ar ras.

'Ble maen nhw?' holodd Mr Jones, 'Ble mae'r bobl ddrwg sydd am dy herwgipio?'

Ond ni chlywodd Aled. Roedd o'n rhy brysur yn edrych i fyny i'r awyr . . . ac yn gweiddi, 'Tyrd yn ôl ar unwaith,' . . . ac yn chwifio'i ddyrnau fel melin wynt.

Syllodd y bobl a oedd ar y traeth i'r awyr, a syllodd Mr a Mrs Jones hefyd. Gwelsant olygfa ryfedd iawn.

Roedd hufen iâ pinc a gwyn hefo siocled ynddo, yn hedfan fel chwyrligwgan uwchben. Roedd o'n chwyrlïo'n gylchau nes fod pen pawb yn troi hefyd wrth geisio ei ddilyn. Ac roedd sgwaryn bach gwyn gyda dwy lygad ddu yn gafael ynddo.

'Barcud ydi o, tybed?' holodd Mr Jones.

'Ia. Barcud siâp hufen iâ,' cytunodd Mrs Jones.

'Fy hufen iâ i ydi o,' meddai Aled. 'Wali Wmff sydd wedi ei ddwyn.'

'Taw â dy lol,' meddai Mrs Jones yn swta.

Roedd hi'n dechrau cael poen yn ei gwddw wrth syllu i fyny o hyd.

'Tyrd yn ôl at y cadeiriau a'r fasged bicnic ar unwaith, Aled,' gorchmynnodd.

Y funud honno, gollyngodd Wali Wmff yr hufen iâ. Saethodd fel bwled trwy'r awyr a disgyn PLOP! ar ben Aled.

'Ooo!' gwaeddodd Aled.

Llifodd yr hufen iâ yn afon binc a gwyn a siocled i lawr at ei glustiau . . . i lawr at ei drwyn . . . ac i lawr wedyn at ei ên. Llifodd nes roedd ei wyneb a'i wallt yn un gymysgedd liwgar.

Edrychodd Mr Jones yn ddig arno.

'Rhag dy gywilydd di, Aled, yn cuddio'r hufen iâ, ac yna'n ei roi ar dy ben wedyn,' meddai.

'Ond . . .' meddai Aled. 'Wali Wm . . .'

Caeodd ei geg yn chwap. Doedd waeth iddo heb â thrio egluro mai ar Wali Wmff oedd y bai am bopeth. Fuasai ei dad byth yn coelio.

'Gwylia di'r gwalch,' sgyrnygodd Aled yn ddistaw. 'Mi fydda i'n siŵr o dy ddal di.'

'He! He!' chwarddodd llais bach yn uchel uchel uwchben. 'Dyna ddel oedd dy het hufen iâ di, Aled.'

5

Roedd Aled wedi diflasu'n lân. Eisteddodd wrth ochr y fasged bicnic a cheisiodd ddyfalu beth i'w wneud.

'Mi wn i,' meddai'n sydyn. 'Rhaid imi anfon am Ephraim Ebeneser.'

Dechreuodd wenu. Roedd o'n siŵr fod Ephraim Ebeneser, Prifathro Ysgol yr Ysbrydion, yn chwilio am Wali Wmff ers meitin, ac y byddai tymer ddrwg iawn arno hefyd am fod Wali Wmff wedi dianc yn lle canolbwyntio ar ei wersi.

Ond sut oedd o am anfon neges at Ephraim Ebeneser? Doedd o ddim yn gwybod y rhif ffôn, felly fedrai o ddim ei ffonio, ac ni wyddai ei gyfeiriad i anfon llythyr ato chwaith.

Pendronodd Aled. Fe bendronodd nes roedd ganddo gur yn ei ben. Yna cafodd syniad da. Wrth gwrs! Fe sgrifennai neges ar y tywod. Fe ddefnyddiai lythrennau mawr bras er mwyn gofalu y byddai Ephraim Ebeneser yn eu gweld.

Nodiodd wrtho'i hun, a dechreuodd feddwl am y geiriau i'w defnyddio yn y neges. Rhywbeth fel . . . 'DOWCH AR UNWAITH. WALI WMFF YMA.'

Ond . . . Dechreuodd Aled ddigalonni. Fe fyddai Wali Wmff yn siŵr o weld neges fawr felly, a châi Ephraim Ebeneser byth gyfle i'w ddal wedyn. Pendronodd eto.

Yna cafodd syniad ardderchog. Fe ddefnyddiai gôd arbennig. Gafaelodd yn ei fat criced a neidiodd ar ei draed. Rhedodd i lawr at y tywod gwlyb wrth ymyl y dŵr. Dechreuodd sgrifennu hefo'r bat.

W——I W—FF Y—A. H—LP.

Wrth gwrs, 'Wali Wmff Yma. Help.' oedd y neges go-iawn.

Safodd Aled i edrych ar y neges yn y tywod. Roedd o'n siŵr na fuasai Wali Wmff yn darganfod beth oedd o'n ei ddweud.

'He! He! Beth mae Aled yn ei wneud, tybed?' meddai Wali Wmff wrth wibio'n uchel uwchben. 'Mi a' i yna i weld.'

WHW-WSH! Gwibiodd i lawr er mwyn gweld yn well. Edrychodd ar y geiriau yn y tywod. Beth oedden nhw'n ei ddweud?

Edrychodd ac edrychodd ond ni fedrai ddarllen y geiriau rhyfedd.

'Dim ots,' meddai. 'Chwarae gêm mae Aled.'

Penderfynodd Wali Wmff y buasai'n cael seibiant bach ar y traeth. Roedd o'n gobeithio y buasai'n cael lliw haul ar ei gorff sgwaryn gwyn. Fe'i gosododd ei hun ar y tywod a chau ei lygaid. Doedd o *byth* am fynd yn ôl i Ysgol yr Ysbrydion, penderfynodd.

Edrychodd Aled i'r awyr. Tybed a ddeuai Ephraim Ebeneser yn fuan? Gobeithio. Yna mi fuasai o, Aled, yn medru ymlacio a chael hwyl iawn ar y traeth wedyn. Cysgododd ei lygaid a syllu i bob cyfeiriad. Ond nid oedd golwg o Ephraim Ebeneser yn unman. Efallai nad ydi o wedi gweld y neges eto, meddyliodd Aled.

Penderfynodd fynd i eistedd ar y tywod i'w ddisgwyl. Mi fyddai'n siŵr o'i weld yn cyrraedd wedyn.

Eisteddodd yno am hir hir. Roedd pobl a phlant yn ymdrochi yn y môr, roedden nhw'n adeiladu cestyll yn y tywod ac yn chwarae gêmau criced. Roedden nhw'n cael picnic ac yn bwyta hufen iâ. Ond roedd Aled yn benderfynol o ddisgwyl am Ephraim Ebeneser.

Yna daeth sŵn sydyn o rywle yn ei ymyl. Tybed a oedd Ephraim Ebeneser wedi cyrraedd ac yntau heb ei weld?

'O diar! O diar! O! OW!'

Trodd Aled ei ben i weld pwy oedd yno. Disgynnodd ei ên yn syn. Roedd sgwaryn bach pinc, a hwnnw'n troi yn goch, yn gorwedd yn llipa ar y traeth. Ac roedd o'n cwyno yn ofnadwy.

'O! Rydw i'n boeth boeth . . . ac mae fy nghroen gwyn del i yn llosgi fel tân.'

Wali Wmff oedd yno. Dechreuodd Aled wenu. Mi fedrai ei ddal rŵan, a'i garcharu'n barod ar gyfer Ephraim Ebeneser.

'Ooo!' cwynodd y sgwaryn bach pinc a choch eto.

Petrusodd Aled. Fedrai o ddim carcharu Wali Wmff ac yntau'n dioddef o losg haul, yn na fedrai? Beth petasai o'n mynd yn sâl go-iawn . . . ac yn gorfod mynd i'r ysbyty neu rywbeth felly? A sut y buasai'r nyrsys a'r meddygon yn medru trin llosg haul ar *ysbryd*?

'Wali Wmff,' meddai gan symud yn nes ato. 'Ydi'r llosg yn brifo lot?'

'O . . . ydi,' cwynodd Wali Wmff. 'Rydw i wedi llosgi i gyd.'

'Aros di yma,' gorchmynnodd Aled. 'Mi a' i i nôl hylif llosg haul. Mi fydd hwnnw'n oer braf ar dy groen di.'

Rhedodd i gyfeiriad ei rieni a'i wynt yn ei ddwrn.

'Ble mae'r hylif llosg haul, Mam?' holodd yn frysiog.

'Hylif llosg ha . . . ?' meddai Mrs Jones yn syn gan edrych ar groen iach Aled. 'Ymhle mae dy losg haul di?'

'Ymm . . .' meddai Aled. 'Ymm . . .'

Sut oedd o am egluro mai Wali Wmff oedd hefo llosg haul?

'Nabod rhywun hefo llosg,' meddai Aled. 'Eisio rhoi peth iddo fo.'

'O . . . mi wela i,' meddai Mr Jones. 'Wedi cyfarfod un o dy ffrindiau ysgol wyt ti? Wel . . . mae croeso iddo ddefnyddio'r hylif. Peth poenus iawn ydi llosg haul.'

Wnaeth Aled ddim aros i egluro. Rhedodd yn ôl at Wali Wmff gyda'r botel.

'Gorwedd yn llonydd,' gorchmynnodd. 'Imi gael rhwbio hwn ar dy groen di.'

40

Gorweddodd Wali Wmff yn llipa ufudd ar y tywod. Dyna braf oedd teimlo'r hylif yn oer oer ar ei groen. Dechreuodd deimlo'n well o lawer. Roedd o wedi penderfynu nad oedd torheulo yn syniad da o gwbl.

'Diolch, Aled,' meddai gan ei ymestyn ei hun yn braf.

Edrychodd yn slei ar Aled. Roedd o'n ddiolchgar i Aled am roi'r hylif ar ei gorff llosg, ond doedd o ddim yn barod i roi stop ar ei driciau chwaith.

Edrychodd Aled yn slei ar Wali Wmff hefyd. Efallai ei fod o wedi gwella digon i'w garcharu rŵan?

'Ymm . . .' meddai gan feddwl sut i'w ddal.

'Ta ta, Aled,' meddai Wali Wmff yn sydyn.

WHW-WSH! I ffwrdd ag ef cyn i Aled gael cyfle i'w ddal.

'Y gwalch anniolchgar,' meddai Aled yn flin. 'Wel . . . mi fydd Ephraim Ebeneser yma'n fuan,' fe'i cysurodd ei hun. 'Ac mi gawn ni dy ddal di *wedyn*!'

Gwenodd yn fodlon.

6

Eisteddodd yno i ddisgwyl. Yn fuan gwelodd fulod yn trot trotian i lawr i'r traeth. Roedd dyn hefo cap gwau ar ei ben yn eu harwain.

'Gee yp!' gwaeddodd y dyn. 'Gee yp. Pwy sydd am reid? Pumdeg ceiniog y tro?'

Roedd Aled yn ysu am reid. Neidiodd ar ei draed a rhedeg tuag atynt.

'Plîs,' meddai.

'He! He! Rŵan am hwyl,' meddai Wali Wmff.

'Neidia ar gefn y mul bach llwyd yna,' meddai'r dyn.

'Dyna ful tawel ufudd.'

'He! He!' meddai Wali Wmff eto.

Gafaelodd Aled yn y ffrwyn a chododd ei droed yn barod i ddringo ar gefn y mul.

WHW-WWSH! Rhuthrodd Wali Wmff yno fel corwynt a'i lapio ei hun yn oeraidd am glustiau y mul bach llwyd. Yna llithrodd WHII-III! i lawr ei wddw a WHII-III! wedyn am ei gynffon. Rhoddodd binsiad sydyn iddo. 'Iii-ooo!' bloeddiodd y mul bach llwyd fel y teimlodd y rhywbeth oeraidd am ei glustiau.

'Iii-oooo!' bloeddiodd wedyn wrth deimlo y rhywbeth oeraidd yn llithro i lawr ei wddw ac ar hyd ei gefn.

'III ac OOO ac III ac OOO!' bloeddiodd wedyn wrth dderbyn y binsiad sydyn ar ei gynffon.

Ciciodd ei draed ôl i fyny.

'We!' gwaeddodd Aled gan geisio dal ei afael yn y ffrwyn.

Ond roedd y mul bach llwyd wedi cael digon ar bethau oer yn llithro i lawr ei wddw a'i gefn, ac

wedi cael digon ar gael pinsiad
sydyn ar ei gynffon hefyd.
A doedd o ddim am aros i Aled
ddringo ar ei gefn. Roedd o am
fynd yn ôl i'r cae.

Ciciodd ei draed ôl i fyny
eto a phlycio y ffrwyn o afael
Aled.

'Oooo!' llefodd Aled gan
ddisgyn ar ei wyneb i'r tywod.

'He! He!' meddai Wali Wmff.

'Bobl bach,' meddai Mrs
Jones gan neidio ar•ei thraed.
'Beth sydd wedi digwydd i
Aled?'

Cychwynnodd y mul bach
llwyd ar garlam ar hyd y traeth
gan frefu 'Iii ac Ooo, Iii ac Ooo'
yr holl ffordd.

Fe feddyliodd y mulod eraill fod rhywbeth ofnadwy wedi
digwydd i'r mul bach llwyd, a dechreuodd pob un ohonyn
nhw gicio a rhedeg yma ac acw o gwmpas y traeth.

Carlamodd rhai 'SPLASH' i mewn i'r dŵr, a rhedodd rhai
eraill trwy ganol y bobl nes yr oedden nhw'n gwasgaru i bob
cyfeiriad.

Cododd Aled ar ei draed yn union fel yr oedd Mr a Mrs Jones yn cyrraedd ato.

'Wyt ti wedi brifo, Aled?' holodd Mrs Jones yn bryderus.

Ond roedd Aled yn rhy brysur yn ceisio egluro i berchennog y mulod mai nid arno fo oedd y bai. Nid arno fo oedd y bai fod y mul bach llwyd wedi dianc, ac nid arno fo oedd y bai fod y mulod eraill yn carlamu ar hyd y traeth chwaith.

'Wali Wmff . . .' dechreuodd.

'Rhaid iti ddal pob un ohonyn nhw,' meddai'r perchennog. 'Mi gei redeg a rhedeg nes iti eu dal nhw i gyd.'

'Ia, wir, Aled,' meddai Mr Jones. 'Roeddet ti ar fai yn eu dychryn nhw fel'na.'

'Ond . . .' meddai Aled. 'Ond . . .'

'Ond be, Aled?' sibrydodd llais bach wrth ei glust.

'Y chdi . . . y gwalch. Mi ddalia i di,' bloeddiodd Aled gan chwipio ei ddwylo at ei glust a dal . . . DIM!

Roedd o wedi cael llond bol. Roedd o wedi diflasu. Roedd o wedi cael digon ar driciau Wali Wmff. Caeodd ei ddyrnau'n ffyrnig a chychwynnodd ar hyd y traeth. Roedd yn rhaid iddo ddal y mulod bach . . . ac wedyn, wel, fe gâi Wali Wmff weld.

'Haaa . . . mphhh!'

Pesychodd rhywun wrth ei ochr. Fe safodd Aled yn stond ar unwaith a throi i edrych.

'Ephraim Ebeneser?' meddai. 'Rydych chi wedi cyrraedd o'r diwedd.'

Safai Prifathro Ysgol yr Ysbrydion yno. Roedd o'n dal . . . ac yn hir . . . ac yn denau. Roedd o'n gwisgo sbectol ar flaen ei drwyn ac roedd ganddo glog ddu fawr yn crogi o'i ysgwyddau. AC MI ALLAI ALED WELD REIT TRWYDDO!

'Rydw i'n falch ofnadwy o'ch gweld chi,' meddai Aled.

'Rydw i'n synnu atat ti'n dŵad â Wali Wmff i lan y môr,' meddai Ephraim Ebeneser yn flin. 'Dydi *ysbrydion* ddim yn fod i chwarae ar y tywod ar ddiwrnod braf yn yr haf. Dychryn pobl mewn hen adeiladau a phethau felly ydi'u gwaith nhw, nid torheulo ar y traeth. Doedd gen ti ddim hawl i ddŵad â fo yma.'

'Ond . . .' cychwynnodd Aled.

Ond roedd Ephraim Ebeneser yn rhy brysur yn dweud y drefn i wrando.

'Rwyt ti wedi torri un arall o reolau pwysicaf Ysgol yr Ysbrydion,' meddai. 'Wedi mynd ag ysbryd ifanc am dro i lan y môr, yn lle gadael iddo ganolbwyntio ar ei wersi dychryn.'

'Ond mae o wedi dychryn . . .' cychwynnodd Aled.

Dechreuodd Ephraim Ebeneser wenu a rhwbiodd ei ddwylo'n falch.

'*Wedi* dychryn?' holodd. 'Wel, wel! Efallai ei fod o wedi talu sylw i'w wersi wedi'r cyfan. Faint o bobl ddychrynodd o?'

Ysgydwodd Aled ei ben.

'Nid pobl. Mulod,' eglurodd.

'Mulod! Dychryn mulod? Twt! Twt!' gwylltiodd Ephraim Ebeneser. 'Rhaid imi ofyn iti ei roi'n ôl ar unwaith. Rhaid dysgu gwers i'r gwalch.'

'Ond mi rydw i wedi trio ei ddal o trwy'r dydd,' meddai Aled. 'A dydw i ddim yn gwybod lle mae o rŵan.'

Edrychodd Ephraim Ebeneser i fyny ac i lawr y traeth. Gwelodd y mulod bach yn rhedeg a dawnsio yn nŵr y môr ac yn dechrau mwynhau eu hunain i'r dim. Gwelodd y mulod eraill yn rhedeg yng nghanol y bobl, a gwelodd y mul bach llwyd yn diflannu ar ras am y cae.

'Twt twt,' meddai.

Yna diflannodd mewn pwff o fwg sydyn.

Y funud nesaf roedd sgwaryn bach pinc a choch yn ffoi

am ei fywyd ar hyd y traeth a chorwynt bygythiol wrth ei sodlau.

Troellodd y ddau o gwmpas. I fyny ac i lawr y traeth, i lawr at y dŵr ac i fyny'n uchel i'r awyr las uwchben. WHW-WSH! WHII-IISH! WHW-WSH!

'Mae hi'n codi'n storm fawr,' meddai pawb gan ddechrau casglu'r bwcedi a'r rhawiau, y basgedi picnic a'r tyweli a'r siwtiau nofio. 'Rhaid inni frysio oddi yma, cyn iddi ddechrau glawio.'

Gwibiodd Wali Wmff i fyny'r traeth am ei fywyd. Gwibiodd heb edrych i ble'r oedd yn anelu.

'Aros y gwalch,' bloeddiodd Ephraim Ebeneser mewn llais mawr mawr.

'Glywsoch chi,' meddai'r bobl. 'Mae hi'n dechrau taranu. Brysiwch.'

'Tyrd ar unwaith, Aled,' galwodd Mrs Jones.

Ond roedd Aled yn rhy brysur yn gwylio Ephraim Ebeneser yn trio dal Wali Wmff. Roedd o bron â chyffwrdd ynddo, roedd o'n cyrraedd i afael yn ei gwt, roedd o *yn* cau ei fysedd arno.

'Oowww!'

Gwibiodd Wali Wmff trwy ffenestr y fen hufen iâ ac ar ei ben i mewn i'r twb hufen iâ pinc. Diflannodd o dan yr wyneb.

WHW-WWSH! Gwibiodd corwynt oeraidd ar ei ôl, a'r funud nesaf roedd yr hufen iâ yn sboncio'n dameidiau brysiog i bob cyfeiriad fel y palfalodd Ephraim Ebeneser yn ei ganol er mwyn achub Wali Wmff.

Caeodd Mrs Jones ei llygaid yn ddryslyd. Roedd hi bron yn siŵr iddi weld sgwaryn bach pinc a choch yn neidio i'r hufen iâ, ac roedd hi bron yn siŵr ei bod hi'n gweld cysgod tebyg i hen ŵr yn taflu'r hufen iâ pinc i bob cyfeiriad hefyd.

'Hances binc . . . a hen ŵr . . . yn chwarae mig yng

nghanol yr hufen iâ,' meddai'n freuddwydiol. 'Rydw i'n meddwl yr awn ni i gaffi am baned o de. Ddoi di, Elis?'

Ac i ffwrdd â'r ddau am y stryd.

'Yyy . . . mmmm . . . ffff!' meddai Wali Wmff fel y tynnodd Ephraim Ebeneser ef allan o'r hufen iâ a'i ysgwyd yn ddidrugaredd. Dechreuodd grio.

'Nid arna i roedd y bai . . . arno fo,' meddai gan bwyntio bys pinc at Aled. 'Y fo ddaru fy mherswadio i. Ia wir, Syr.'

'Wel . . . y gwalch,' meddai Aled. 'Doeddwn i ddim eisio dy gwmpeini di ar lan y môr.'

'Am yr ysgol a'th wersi ar unwaith,' taranodd Ephraim Ebeneser yn ddrwg ei hwyl. 'A dim rhagor o nonsens fel cyfeillachu hefo *bachgen*. Dychryn pobl ydi gwaith ysbryd, nid chwarae hefo nhw.'

Edrychodd Wali Wmff yn slei ar Aled.

'Roeddet ti'n edrych yn wirion yng nghanol y mynydd tywod,' meddai.

'Roeddet tithau'n edrych yn wirion mewn potel hefyd,' meddai Aled.

51

Gwenodd y ddau ar ei gilydd.

'Twt, twt,' meddai Ephraim Ebeneser gan afael yn sgrepan Wali Wmff. 'I ffwrdd â ni.'

'Mi ddo i'n ôl,' gwaeddodd Wali Wmff fel y diflannodd dau sbecyn i'r awyr uwchben.

Trodd Aled i ddilyn ei rieni. Roedd o'n falch fod Wali Wmff wedi mynd. Ond . . . mi fuasai'n hwyl ei weld eto hefyd. Y flwyddyn nesaf, efallai!